Déb

Les chats

Anna Milbourne
Maquette : Michelle Lawrence

Illustrations : Patricia Donaera et Christyan Fox
Expert-conseil : Claire Bessant

Pour l'édition française :
Traduction : Jean-Noël Chatain
Rédaction : Renée Chaspoul et Anna Sánchez

Sommaire

La naissance

La maman chat met bas ses petits au chaud dans un lieu tranquille.

Les bébés chats sont nés. La mère les nettoie à petits coups de langue.

Les bébés chats

Les petits se blottissent contre leur mère pour avoir chaud.

Ils dorment la plupart du temps.

La maman chat a six mamelles. Ses petits les tètent pour boire son lait.

Les chats naissent les yeux fermés. Ils les ouvrent environ dix jours plus tard.

Deux semaines après, il apprennent à marcher. Ce chaton fait ses premiers pas.

Leurs dents poussent et ils commencent à manger de la viande. Bientôt, ils cessent de boire du lait.

Tous les chats ont les yeux bleus à la naissance. Plus tard, ceux-ci deviennent verts, jaunes ou orangés.

Le jeu

Les chatons aiment jouer. Ils apprennent des tas de choses en jouant.

Ces deux-là font semblant de se battre.

Ils ne se feront pas vraiment mal.

Les chats domestiques adultes aiment aussi jouer. Comme ça, ils ne s'ennuient pas.

Ce chaton fait semblant de chasser. Il rampe vers la queue de sa mère.

Le chaton bondit et saisit la queue avec ses pattes.

Certains chats vivent à l'état sauvage, comme ce lynx. Il aime aussi jouer mais, quand il sera grand, il devra chasser et se battre pour de bon.

Comme un grand

Pour devenir un bon compagnon, un chaton doit s'habituer aux gens avant l'âge de huit semaines.

Les chatons apprennent à être gentils en imitant leur mère.

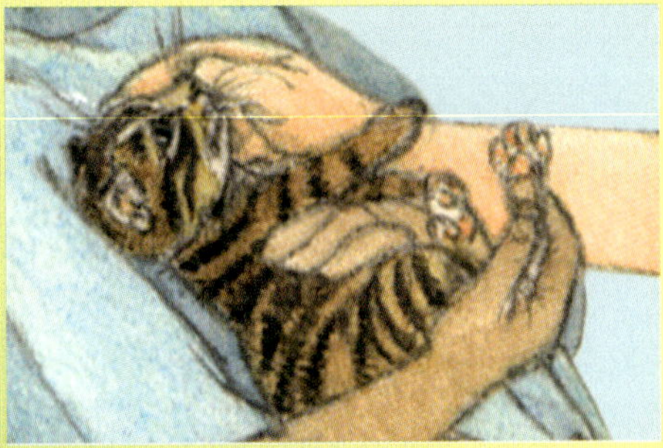

Si on est gentil avec eux, ils apprennent à aimer les gens.

À environ huit semaines, le chaton est prêt à quitter sa mère.

Les chats qui
ont grandi sans
s'habituer aux
gens sont
peureux.

Voici des chats errants. Ils sont à moitié sauvages. Il y en a beaucoup en ville. Ils vivent en petits groupes et se débrouillent tout seuls.

Les chats domestiques vivent normalement de 12 à 14 ans. Le plus vieux du monde a vécu 34 ans !

Le langage des chats

Pour connaître l'humeur d'un chat, il suffit de l'observer attentivement.

S'il se roule sur le dos, il se sent en sécurité avec toi.

S'ils veulent se battre, les chats se fixent du regard. Pour rassurer un chat, essaie de cligner des yeux.

S'il agite sa queue, laisse-le tranquille. Il est peut-être en colère.

S'il a les yeux mi-clos et qu'il ronronne, il est content.

S'il te regarde et qu'il miaule, il veut quelque chose.

Un chat en danger arrondit le dos pour effrayer son ennemi.

Chat perché

Les chats aiment bondir et grimper. En hauteur, ils se sentent en sécurité.

Leurs griffes pointues les aident à se cramponner en grimpant.

Lorsqu'il tombe, le chat essaye d'atterrir sur les pattes pour ne pas se faire mal.

En tombant, le chat tourne la tête et les pattes avant.

Puis ses pattes arrière suivent le mouvement.

Il arrondit le dos pour atterrir en douceur.

La chasse

Les chats sont de bons chasseurs.

Ce chat domestique bondit pour essayer d’attraper un oiseau.

Les chats domestiques sont nourris à la maison. Ils n’ont pas besoin de chasser.

Les chats peuvent faire des bonds de cinq fois leur hauteur. Et toi ?

Les chats sauvages doivent chasser pour se nourrir.

Ce chat sauvage affamé entend une souris.
Il se tapit dans l'herbe.

Il rampe doucement vers la souris. Ses pattes velues l'aident à ne pas faire de bruit.

Quand il est tout près, le chat bondit sur la souris pour l'attraper.

L'odorat

Les chats ont l'odorat plus fin que les hommes. Ils reconnaissent les autres chats à leur odeur.

Pour se dire bonjour, les chats se reniflent.

Ils se frottent pour partager leur odeur.

Ils se frottent aussi contre les gens pour dire bonjour.

Un chat domestique griffe les objets pour montrer qu'il est aussi chez lui.

Ils marquent leur territoire avec leur odeur, pour prévenir les autres chats.

Ce chaton frotte sa tête sur un arbre pour laisser son odeur.

Batailles de chats

Parfois, un chat n'aime pas qu'un autre s'approche de son territoire. Voici comment il le repousse.

Ce chat noir s'approche du territoire d'un chat roux. Le roux le fixe des yeux.

Le noir s'accroupit et tourne la tête. Cela signifie qu'il ne veut pas se battre.

Le chat noir s'éloigne alors en rampant. Le chat roux a gagné.

Les chats crachent, feulent et crient quand ils se battent.

Les chats n'aiment pas la bagarre. Cependant, s'ils n'arrivent pas à repousser leur ennemi en le fixant des yeux, ils se battent.

Le chat crache puis tente de griffer son ennemi.

La vie nocturne

Les chats aiment sortir le soir. Ils voient mieux que nous dans le noir. Regarde leurs pupilles.

En plein jour, elles ont la forme d'une fente.

S'il fait sombre, elles grossissent et laissent entrer la lumière pour que le chat puisse voir.

Dans le noir, les yeux du chat brillent s'ils reflètent de la lumière.

Quand il fait trop sombre, le chat s'oriente grâce à ses longues moustaches.

Il effleure les bords de la barrière avec la pointe de ses moustaches.

Il sait que le trou est assez grand pour le laisser passer.

La sieste

Les chats aiment dormir au chaud et au calme.

S'il fait très chaud, ils dorment allongés.

S'il fait frais, ils dorment roulés en boule.

Les chats aiment dormir. Ils font beaucoup de petites siestes dans la journée.

Pour sa sieste, ce chaton est monté dans un arbre.

Ce chat vient de finir sa sieste et il s'étire.
Comme ça, il sera bien réveillé et prêt à tout.

Un chat passe plus de la moitié de sa vie à dormir.

La toilette

Les chats se lavent pour rester propres. Suis les quatre étapes de la toilette du chat.

1. Il se lèche la patte puis se la passe sur la tête.

2. Il enlève la saleté de ses pattes et de ses griffes avec les dents.

3. Il se débarrasse des nœuds de son pelage avec les dents.

4. Il lèche ses pattes, tout son corps, puis sa queue.

Parfois les chats se lèchent entre eux pour se nettoyer. Cela montre qu'ils sont bons amis.

La langue du chat est très râpeuse. Lorsqu'un chat lèche son pelage, sa langue lui sert de peigne.

Le pelage

Grâce à leur pelage, les chats n'ont pas froid. Certains ont les poils courts, d'autres les ont longs et touffus.

Voici un chat de race persane. Il a de très longs poils.

En été, le chat perd un peu de ses poils pour ne pas avoir trop chaud. Cela s'appelle la mue.

Les chats ont des taches variées sur leur pelage. Les chatons d'une même portée peuvent être tous différents.

Les chats siamois ont les oreilles, la tête, la queue et les pattes sombres. Ils ne naissent pas ainsi.

Les chatons sont blanc crème à la naissance.

Puis certaines parties du corps s'assombrissent.

Les races de chats

Il existe beaucoup de chats domestiques différents. Les divers types de chats sont appelés races.

En voici quelques exemples.

Les munchkins ont les pattes courtes.

Les siamois sont minces.

Les sphinx n’ont presque pas de pelage.

Voici un turc de Van. La plupart des chats détestent l'eau, mais le turc de Van aime nager.

Les manx n'ont pas de queue.

Le chat des forêts norvégiennes a une longue queue touffue.

En général, un chat domestique provient de races mêlées.

Vocabulaire de chat

Voici la liste de quelques-uns des mots utilisés dans ce livre, avec leur définition. Peut-être ne les connaissais-tu pas.

mamelle : la maman chat a des mamelles. Le chaton les tète pour en boire le lait.

errant : un chat à moitié sauvage. Beaucoup de chats errants vivent dans les rues ou les fermes.

griffe : les parties pointues d'une patte de chat. Les griffes sont les ongles d'un animal.

chasser : trouver, poursuivre et tuer un autre animal, en général pour le manger.

pupille : la partie noire située au milieu de l'œil d'un animal ou d'un être humain.

sieste : un petit somme. Les chats dorment beaucoup et font souvent la sieste.

mue : la perte des poils. Les chats muent en été pour ne pas avoir trop chaud.

Sites Web

Si tu as un ordinateur, tu peux chercher sur Internet d'autres informations sur les chats. Sur le site Quicklinks d'Usborne, tu peux déjà te connecter aux quatre sites suivants :

Site 1 : Amuse-toi à fabriquer un masque de chat.

Site 2 : Si tu as un chat à la maison, tu trouveras ici tout ce qu'il faut savoir pour bien t'en occuper.

Site 3 : Une autre activité t'est proposée : un chat et sa pelote de laine à imprimer et à colorier.

Site 4 : À poils longs, à poils courts, chatons... une galerie de photos de chats à craquer !

Pour te connecter à ces sites, va sur **www.usborne-quicklinks.com/fr**, clique sur le titre du livre, puis sur le lien du site Web qui t'intéresse. Avant de commencer à utiliser Internet, lis les conseils de sécurité donnés à la fin du livre et demande à un adulte de les consulter avec toi.

Index

Remerciements

Rédactrice en chef : Fiona Watt
Directrice de la maquette : Mary Cartwright
Manipulation photo : Emma Julings

Crédit photographique

Les éditeurs remercient les personnes et organismes suivants pour l'autorisation de reproduire leurs documents : © **Alamy Images** : 6 ; **Ardea London** : 4 (François Gohier), 19 (Pat Morris) ; © **Corbis** : titre (Pat Doyle), 9 (James Marshall), 27 (Julie Habel) ; © **Getty** : couverture (Gary Randall), 12 (Sue Streeter), 21 (Desmond Burdon), 26 (Barros & Barros) ; © **Graeme Teague** : 25 ; © **ImageState** : 8 (Robert Llewellyn), 22 (Leland Howard), 23 (Veturian) ; © **Photonica** : 10 (Neo Vision) ; © **Team Husar** : 7 (Lisa & Mike Husar) ; © **Warren Photographic** : 14 ; 3, 17, 20, 28 (Jane Burton) ; 31 (Jane Burton)

Tous les efforts ont été faits pour retrouver et remercier les propriétaires de copyright. L'éditeur s'engage à rectifier toute omission éventuelle, s'il en est informé, dans toutes rééditions à venir.